Inhalt

Chemiestandort Deutschland - Lichtblicke zeichnen sich ab

Chemiestandort Deutschland - Lichtblicke zeichnen sich ab

Autor GENIOS BranchenWissen: A.Schneider

Kernthesen

- Schreckensmeldungen über Standortverlagerungen ins Ausland haben Konjunktur, die Branche Chemie zeigt jedoch schon wieder Rückkehrneigungen.
- Die Wahl Deutschlands als künftigen Hauptsitz von Sandoz gilt als positives Zeichen in der Branche.
- Eine wachsende Zahl von Chemieparks schafft Arbeitsplätze und sichert Investitionen.

Beitrag

In der Tat: wir vernehmen in jüngster Zeit einige positive Nachrichten, die Deutschland als Chemie- und Pharmastandort in ein helleres Licht tauchen. Die chemische Industrie galt im Branchenvergleich bereits als zurückhaltend verlagernde Branche sogar mit Rückkehrneigung. Die Wahl Sandoz den Hauptsitz nach Deutschland zu verlagern hat Signalwirkung.

Chemiestandort Deutschland - Lichtblicke zeichnen sich ab

Die Globalisierung hat auch in der Chemie längst Einzug gehalten und deutliche Spuren hinterlassen...

Ob bei BASF in Ludwigshafen, Bayer in Leverkusen, Chemische Werke Hüls in Marl oder Höchst in Frankfurt: die organisatorischen Veränderungen sind weitreichend. Die Verbundwirtschaft gehört der Vergangenheit an, heute ist Konzentration aufs

Kerngeschäft angesagt, Randaktivitäten werden abgespalten. Die Zahl der Anbieter hat sich durch den Zusammenschluss großer Konzerne verringert. Neue und ausländische Firmennamen prägen das Bild.Am Beispiel Höchst wird der Wandel sehr deutlich: Seit Mitte der 90er Jahre wurde abgespalten, verkauft, umfirmiert und fusioniert. Schließlich schloss sich Höchst mit dem Konkurrenten Rhône-Poulenc zum sogenannten Life-Science-Konzern Aventis zusammen. Und dieser wurde im vergangenen Jahr vom französischen Konkurrenten Sanofi übernommen. Der einst größte Pharmakonzern der Welt ist Geschichte. Was bleibt ist der Chemiepark auf dem einstigen Firmengelände.

...dennoch zeichnen sich Lichtblicke ab.

Der technische Fortschritt in der Chemie gilt als gut, auch wenn in neuen Sektoren wie der Biotechnologie und den neuen Pharmaprodukten Deutschland schon eine schwache Position hat. Eine Schlüsseltechnologie, in der Deutschland im internationalen Wettbewerb sehr gut positioniert ist, ist die Nanotechnologie. Künftige Fortschritte der Nanotechnologie sind entscheidend für die weitere Entwicklung der Branchen Chemie und Pharma. Deutschland ist in der Entwicklung der

Nanotechnologie bei Chemikalien führend. Einer Studie des VDI-Technologiezentrums zufolge ist bis 2006 mit 10 000 bis 15 000 zusätzlichen Arbeitsplätzen in diesem Technologiefeld zu rechnen. Deutschland liegt, was die Zahl der Patentanmeldungen anbelangt, auf Platz zwei hinter den USA und vor Japan. Regionale Schwerpunkte bestehen in Dresden, Karlsruhe sowie Saarbrücken. (2)

Angesichts des unbestreitbaren Trend zur Abwanderung ins Ausland wird die chemische Industrie im Branchenvergleich als zurückhaltend verlagernde [Branche] mit Rückkehrneigung" eingeordnet. Und in der Tat: wir vernehmen in jüngster Zeit einige positive Nachrichten, die Deutschland als Chemie- und Pharmastandort in ein helleres Licht tauchen.

Sandoz: Bayerische Provinzgemeinde lockt erfolgreich nach Deutschland

Der Pharmakonzern Novartis verlegt den Sitz seiner Tochter Sandoz von Wien nach Holzkirchen bei München. Der Hauptsitz des neuen Firmenkonglomerats wird vom grossstädtischen Wien in die bayerische Provinzgemeinde Holzkirchen verlagert. Auch Basel wurde aus dem Rennen geschlagen. (3)

Welche Faktoren werden für diese Standortentscheidung angeführt? (4), (5), (6), (7), (8), (9), (10), (11)
- Ab 2006 Senkung der örtlichen Gewerbesteuer um ein Drittel (von 350 auf 250 Punkte) und damit auf den zweitniedrigsten Wert in Bayern
-Gute Infrastruktur aufgrund der Nähe zu München, zum Flughafen, guter Autobahn- und S-Bahn-Anbindung
- Nähe zu den Produktionsstätten von Hexal und von Sandoz in Kundl (Tirol)
- Führende Rolle der medizinischen Forschung im Großraum München
- Zugang zu den besten Talenten im Bereich Biotech
- Nähe zu wissenschaftlichen Instituten in München
- Deutschland ist der weltweit zweitgrößte Markt für Generika
- Zusagen beim Straßen- und Wohnungsbau
- Zugeständnisse bei der Zuteilung von Baugrundstücken
- Sehr komplexes und gutes Kinderbetreuungsnetz
- Bayerns Ministerpräsident Edmund Stoiber lockte darüber hinaus mit der von Finanzminister Hans Eichel geplanten Senkung der Körperschaftssteuer von 25 auf 19 Prozent.

Auch von BASF kommen positive Standort-Meldungen

Bei BASF wurde Ende 2004 eine Standort-Vereinbarung getroffen. Sie sichert bis 2009 insgesamt rund 6 Milliarden Euro Investitionen zu. Festgeschrieben wurden zudem ein Personalstand von 32 000 Beschäftigten bis Ende 2010 sowie weiterhin der Verzicht auf betriebsbedingte Kündigungen. Aktuell kommt eine weitere positive Standortentscheidung aus Ludwigshafen. Der Chemiekonzern BASF rückte von seinem Plan ab, sein neues Personaldienstleistungszentrum in Bratislava oder Krakau aufzubauen. Knackpunkt waren die Personalkosten. Mit den tariflichen Industrielöhnen ließe sich kein Dienstleistungsgeschäft rentabel aufbauen, so der Tenor von BASF. Doch die Aussicht auf neue Arbeitsplätze in Deutschland stimmte die Gewerkschafter flexibel: BASF und die Chemiegewerkschaft IG BCE beschritten neue Wege außerhalb des bestehenden Chemietarifwerks. Somit finden Berlins Studenten künftig einen guten Nebenjob mehr, und die BASF-Mitarbeiter erhalten ihre Lohnabrechnungen künftig aus Deutschlands Hauptstadt. (12)

Und auch Braun Melsungen: Standortsicherung durch Mehrarbeit

Bei Braun Melsungen AG haben Unternehmen, Betriebsrat und IG BCE eine Vereinbarung getroffen. Braun investiert in den Standort und schafft eine neue Produktionsstätte. Die Mitarbeiter beteiligen sich durch Mehrarbeit außerhalb der regulären Arbeitszeit.

Chemieparks schaffen Arbeitsplätze und sichern Investitionen

In den vergangenen Jahren sind viele Chemieparks auf dem Gelände ehemaliger oder bestehender Traditionsunternehmen der deutschen Großchemie entstanden (z.B. Behringwerk, Hoechst, Degussa, Bayer). Gerade über lange Jahre gewachsene Chemiestandorte schaffen mit ihrer hochentwickelten Infrastruktur ideale Bedingungen für internationale und mittelständische Chemie- und chemienahe Unternehmen.
Andere (z.B. BASF) sichern sich durch die Öffnung ihres Standorts für Dritte Kostensenkungen und

Wettbewerbsfähigkeit. An vielen Standorten wird Forschung und Entwicklung groß geschrieben (z.B. Chemsite-Initiative, Marl). An anderen Standorten sind moderne Aus- und Weiterbildungszentren entstanden (z.B. Industriepark Wolfgang, Hanau).

Ein anderes Beispiel sind Initiativen, in denen Länder, Industrie, Kommunen und Gewerkschaften zusammenarbeiten, um attraktive Standorte zu schaffen, in denen sich dann in- und ausländische Investoren ansiedeln (z.B. Chemsite-Initiative Marl). So wurde zum Beispiel im April in Hannover der Verein ChemCoast (www.chemcoast.de) gegründet. Sein Ziel ist die Stärkung der Zukunftsfähigkeit der Chemieregion Norddeutschland, ihre wirtschaftliche Weiterentwicklung und die Sicherung der Arbeitsplätze. Gemeinsam suchen die Chemieunternehmen nach neuen Wegen zum Erhalt ihrer Standorte und der Verbesserung ihrer Wettbewerbsfähigkeit. Die Interessen der einzelnen norddeutschen Chemiestandorte sollen gebündelt werden. Gemeinsam sollen die Standorte besser vermarktet werden.

Um optimale Vermarktung geht es auch hier: Erstmalig werben Deutschlands führende Chemieparks und standorte mit einem gemeinschaftlichen Messeauftritt für den Chemiestandort Deutschland. Unter dem Motto

"Chemical Parks and Sites in Germany" werden sich die Regionalinitiativen ChemCologne (Rheinland), ChemSite (Ruhrgebiet) und CeChem-Net (Mitteldeutschland) zusammen mit BASF und Bayer Industry Services auf der ChemSpec Europe in Düsseldorf am 22. und 23. Juni 2005 präsentieren.

Positive Standortbedingungen in Deutschland

Die Standort-Betreiber-Gesellschaften schaffen die Rahmenbedingungen, damit sich die Kunden gezielt auf ihr eigentliches Kerngeschäft konzentrieren können. Die Liste positiver Standortfaktoren, mit denen die Betreiber der Chemieparks aufwarten und Investoren anlocken, ist lang:- Sichere Versorgung mit Ressourcen (Rohstoffe wie z.B. Propylen, Energie, Medien)
- Gute Erreichbarkeit über logistische Anbindung an Autobahnnetz, Schienennetz, Flughafen, Hafen
- Nähe zu einer Metropole
- Versorgungs- und Entsorgungseinrichtungen (z.B. Pipeline, Kraftwerke, Kläranlagen)
- Bedarfsgerechte Gebäude für Forschung und Entwicklung, für Produktion und Services
- Arbeitskräfte, Know-how, Ausbildung
- Nähe zu Wissenschaft und Forschung (Universitäten, Forschungsinstitute)

- Synergieeffekte der Unternehmen, die sich dort angesiedelt haben / Verbundstruktur; Beispiel: im Chemiepark Marl bekommt Linde-Gas den Rohstoff Kohlendioxid für seine Flüssig-Kohlensäureanlage günstig, schnell und in bester Qualität, da das Kohlendioxid bei der benachbarten Firma Sasol als Nebenprodukt bei der Herstellung von Waschmittel-Vorprodukten anfällt.
- Planungssicherheit durch Bebauungspläne
- Schnelle Genehmigungsverfahren durch die Behörden mit Unterstützung der ansässigen Fachdienstleister
- Wirtschaftspolitische Rahmenbedingungen, z.B. Fördergebiet
- Chemietypisches Dienstleistungsportfolio, das vom Standortbetreiber angeboten wird, z.B. Analytik, Feuerwehr, Werkschutz, Sicherheitskonzept, Facility Management, Entsorgung, Zentrale Abwasserbehandlung usw.; dies kann gehen bis hin zu Logistik-Dienstleistungen zur Beförderung der Güter bis zum Endkunden, Immobiliendienstleistungen bis zur Finanzierung, firmenspezifisches Management von Energie und Abfall
- IT-Dienstleistungen
- Intellectual Property Management (Patentwesen, Wissensmanagement, Innovationsberatung, Erschließung öffentlicher Födermittel)
- Positives Wohnumfeld

Was bedeutet dies für die Arbeitsplätze am Chemiestandort Deutschland?

Während die De-Konsolidierung und Konzentration der vergangenen Jahre mit Arbeitsplatzabbau einherging, entstehen nun in den Chemieparks wieder neue Jobs.Dies lässt sich am Beispiel Höchst veranschaulichen: Waren es einst rund 32 000 Arbeitsplätze, so wurde während der Umstrukturierung auf 18 000 abgebaut. Im heutigen Chemiepark arbeiten rund 24 000 Menschen. Es geht also wieder aufwärts.

Was bedeutet dies für die Investitionen?

Mit den Investitionen geht es ebenso aufwärts wie mit den Jobs.Im Chemiepark Höchst haben die Unternehmen seit 2000 insgesamt rund 2 Milliarden Euro investiert, 390 Millionen Euro allein im Jahr 2004. Höchst brachte es auf maximal 250 Millionen jährlich. Am Chemiestandort Leuna wurden insgesamt sogar 5 Mrd. Euro investiert.

Fazit

Das Capital-Elite-Panel, eine Umfrage bei deutschen Top-Entscheidern aus Wirtschaft, Politik und Verwaltung, die das Institut für Demoskopie Allensbach im Auftrag von Capital durchgeführt hat, hat gerade erst folgendes ergeben: Sechs von zehn Befragten aus den Betrieben mit 1 000 und mehr Beschäftigten sind der Ansicht, dass "man von deutschen Unternehmen angesichts der Globalisierung noch soziale Verantwortung in dem Sinne einfordern kann, so viele Arbeitsplätze wie möglich in Deutschland zu erhalten". (13)

Fallbeispiele

Eine Auswahl an Chemieparks in Deutschland:

Bayer Chemiepark

, Bayer Industry Services (BIS) ist Besitzer und Betreiber des größten deutschen Chemieparks. 4 Standorte, an denen rund 45 000 Beschäftigte in mehr als 400 Produktionsbetrieben und Technika tätig sind. Betreut werden Teilkonzerne von Bayer wie Bayer Chemicals, Bayer Polymers oder Health-Care sowie über 25 Partner des Chemiekonzerns. Außerdem bietet man seine Leistungen auch Kunden außerhalb des Chemieparks an, beispielsweise die hauseigene Analytik sowie die Umwelt-, Energie-, Sicherheits- und Technischen Dienste für die Chemie. Zurzeit nutzen mehr als 35 Produktions- und Dienstleistungsunternehmen die Synergieeffekte und Produktverbünde dieses größten deutschen Chemieparks. (14)

Chemiestandort Leuna

, wo vor fast 90 Jahren alles mit einem Ammoniakwerk begann, Konzerne wie Total, Domo, Linde, Dow, Rhodia Syntech, zahlreiche mittelständische Firmen, einer der größten Chemiestandorte in Deutschland, ca. 9 000 Arbeitsplätze, Investitionsvolumen 5 Mrd. - InfraLeuna Infrastruktur und Service GmbH, Leuna, Tel. 03461/4330-01, www.infraleuna.de

Pharmaserv Marburg Verwaltungs GmbH

, dort gründete der Nobelpreisträger für Medizin Emil von Behring 1904 das Behringwerk, die Behringwerke gingen 1997 auf Hoechst über, Hoechst wiederum fusionierte mit Rhone-Poulenc zu Aventis, und Aventis wiederum wurde von Sanofi-Synthelabo übernommen, heute ein wichtiger Standort für Pharmazie und Biotechnologie, als Biotech-Center ausgerichtet, d.h. vor allem für Unternehmen der Pharmazie, Medizin, Bio- und Nanotechnologie attraktiv, dort sind 4 000 Mitarbeiter in 18 Unternehmen beschäftigt - PharmaServ Marburg Verwaltungs GmbH, Marburg, Tel. 06421/39-6000, www.pharmaserv.de

Industriepark Höchst

, Entwicklung begann vor 140 Jahren, rd. 80 Unternehmen beschäftigen dort etwa 22 000 Mitarbeiter, in den Jahren 2000 2004 wurden über 2 Mrd. investiert, besonders geeignet für Unternehmen der energie- und/oder entsorgungsintensiven Prozessindustrie - Infraserv GmbH & Co. Höchst KG, Tel. 069/305-0, www.infraserv.com, www.industriepark-hoechst.com

Industriepark Wolfgang

, entstanden aus dem großen Forschungs- und Entwicklungsstandort des Degussa-Konzerns, heute rund 12 Unternehmen angesiedelt, die rund 4 500 Beschäftigte haben, bietet innovative Infrastruktur für Materialtechnologie und Werkstoffwissenschaften (Labors, Technika, Miniplants, Multipurpose-Anlagen für die chemische Spezialproduktion) - Industriepark Wolfgang, Hanau, Tel. 06181/59-6635, www.degussa.com

Industriepark Kalle-Albert

, in Wiesbaden, ehemaliges Hoechst-Werk, existiert seit 140 Jahren, heute sind dort über 70 Firmen angesiedelt, interessanter Standort für alle Produktionen, die Dampf, Kühlwasser, Stickstoff und Kälte benötigen, sowie Abwasser in größerem Umfang oder von besonderer Komplexität erzeugen - Infraserv GmbH & Co. Wiesbaden KG, Wiesbaden, Tel. 0611/962-6770, www.infraserv-wi.de

Industriestandort Ludwigshafen

, größter Produktionsstandort der BASF-Gruppe,

Standortprojekt läuft seit 2002, zielt darauf ab, Partner in den chemischen Produktionsverbund einzubinden, Vorteile sind z.B. kostengünstige Verfügbarkeit von Einsatzstoffen, Energie, Entsorgungs- und Recyclingkapazitäten, Geschäftsmodelle von Mitnutzung vorhandener Kapazitäten am Standort über den Bau eigener Produktionsanlagen bis hin zur Gründung von Joint Ventures - BASF AG, Ludwigshafen, Tel. 0621/60-0, www.basf-ag.deEine Marktübersicht Chemieparks in Deutschland stellt auch PROCESS, das Magazin für Chemie- und Pharmatechnik, in seiner Ausgabe 3-2004 und auch online zur Verfügung. (15)

Zahlen & Fakten

Sandoz:

Im Februar 2005 kaufte Novartis für 5,65 Milliarden Euro die deutsche Generika-Herstellerin Hexal sowie deren Beteiligung an der US-Generika-Firma Eon Labs. Damit erweiterte Novartis Chef Daniel Vasella seine bisher in der Tochter Sandoz gebündelten Generika-Aktivitäten. Die Firmen Sandoz, Hexal und Eon Labs werden nun zusammengeführt. Mit der Übernahme von Hexal ist Sandoz mit einem Umsatz von rund fünf Milliarden Euro weltweit größter Produzent pharmazeutischer Nachahmerprodukte

(Generika).

Nanotechnologie:

Sie beschäftigt sich mit Forschung und Konstruktion in kleinsten Strukturen (ein Nanometer entspricht einem millionstel Millimeter). Sie erarbeitet Grundlagen für immer kleinere Datenspeicher mit immer größerer Speicherkapazität, oder für Werkstoffe, aus denen sich in der Automobilindustrie ultraleichte Motoren und Karosserieteile fertigen lassen. http://de.wikipedia.org/wiki/Nanotechnologie

Weiterführende Literatur

(1) Basar-Ökonomie Deutschland, Exportweltmeister oder Schlusslicht?
aus ifo Schnelldienst, Heft 6/2005, S. 3-42

(2) High-Tech Engineering entwickelt die Märkte von morgen - Internationale Stärke des Standorts Deutschland bei Schlüsseltechnologien
aus Venture Capital, Heft 3/2005, S. 48-49

(3) Voigt, Birgit, Sandoz' Kur kommt von Hexal. Die ehemaligen Eigentümer von Hexal sollen die fusionierte Sandoz fit machen., NZZ am Sonntag 01.05.2005, Nr. 18, S. 35

aus Venture Capital, Heft 3/2005, S. 48-49

(4) Was Sandoz wirklich von Wien weglockte Wien
aus WirtschaftsBlatt, 30.04.2005, Nr. 2356, S. 114

(5) Sandoz verlegt Firmensitz nach Deutschland
aus Stuttgarter Nachrichten, 27.04.2005, S. 12

(6) Erfolg im Standortwettbewerb - Keine Wende
aus Stuttgarter Zeitung, 27.04.2005, S. 11

(7) Sandoz verlagert Konzernsitz nach Bayern
aus Süddeutsche Zeitung, 26.04.2005, Ausgabe
Deutschland, S. 17

(8) Sandoz zieht von Wien nach München PHARMA
aus Bonner General-Anzeiger, 27.04.2005, S. 20

(9) Sandoz verlagert Sitz nach Bayern
aus Stuttgarter Zeitung, 27.04.2005, S. 11

(10) Stoibers Versprechen
aus Der Spiegel, 02.05.2005, Nr. 18, Seite 91

(11) Bayern lockt Pharmafirma Sandoz mit
Steuervorteilen Deutscher Markt sowie Nähe zum
Entwicklungszentrum geben Ausschlag für Umzug
nach München · Basel unterliegt trotz
Kostenvorteilen
aus Financial Times Deutschland vom 27.04.2005,
Seite 8

(12) "Ein Stück Patriotismus war dabei"
aus Frankfurter Allgemeine Zeitung, 09.05.2005, Nr.

106, S. 22

(13) Erfolgsfaktor Heimat Die Führungsspitzen im Elite-Panel sind alarmiert: Wenn Deutschlands Unternehmen ihr Heil nur noch im Ausland suchen, schneiden sie den Ast ab, auf dem sie sitzen. Wirtschaftsethik
aus Capital vom 14.04.2005, Seite 24

(14) Bayer Industry Services
aus KM, Heft 03, 2005

(15) O.V., Chemieparks in Deutschland. Marktübersicht., PROCESS, Ausgabe 3-2004
aus KM, Heft 03, 2005

Impressum

Chemiestandort Deutschland - Lichtblicke zeichnen sich ab

Bibliografische Information der deutschen Nationalbibliothek

Die Deutsche Nationalbibliothek verzeichnet diese Publikation in der deutschen Nationalbibliografie; detaillierte bibliografische Daten sind im Internet über http://dnb.d-nb.de abrufbar.

ISBN: 978-3-7379-2206-7

© 2015 GBI-Genios Deutsche Wirtschaftsdatenbank GmbH, Freischützstraße 96, 81927 München, www.genios.de

oder ähnliche Einrichtungen und die Einspeicherung und Verarbeitung in elektronischen Systemen.